So wird es gemacht:

Öffne das mini LÜK-Kontrollgerät und lege die Plättchen in den Gerätedeckel!

Jetzt kannst du auf den Plättchen und auf dem Boden die Zahlen 1 bis 12 sehen

Beispiel: Seite 2

Wie viel Uhr ist es?

Nimm das Plättchen 1 und sieh dir die erste Uhr an! Es ist 5 Uhr oder…
Suche nun unten auf der Seite die Lösung!
Es ist 17 Uhr mit der Lösungszahl 3.
Lege also das Plättchen 1 auf das Feld 3 des Gerätebodens!
Die Zahl **1** muss nach oben zeigen.

1	2	**3**	4	5	6
7	8	9	10	11	12

So musst du weiterarbeiten, bis alle 12 Plättchen im Geräteboden liegen. Schließe dann das Gerät und drehe es um! Öffne es von der Rückseite!

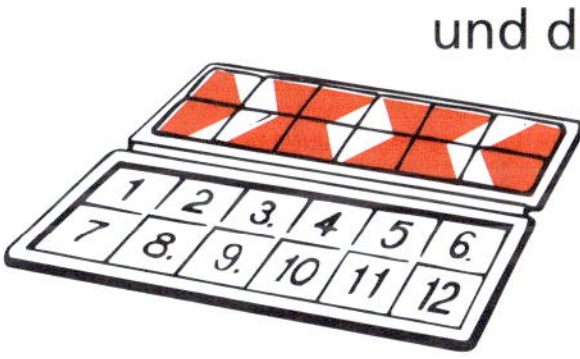

Wenn du das bei der Übungsreihe abgebildete Muster siehst, hast du alle Aufgaben richtig gelöst. Passen einige Plättchen nicht in das Muster, dann hast du dort Fehler gemacht. Drehe diese Plättchen dort, wo sie liegen, um, schließe das Gerät, drehe es um und öffne es wieder!
Nun kannst du sehen, welche Aufgaben du falsch gelöst hast.
Nimm diese Plättchen heraus und suche die richtigen Ergebnisse! Kontrolliere dann noch einmal!
Stimmt jetzt das Muster?

Und nun viel Spaß!

Dieses Papier wurde aus chlorfrei gebleichtem Zellstoff hergestellt

Wie viel Uhr ist es?

1

5 Uhr oder…

2

7 Uhr oder…

3

9 Uhr oder…

4

12 Uhr oder…

5

2 Uhr oder…

6

10 Uhr oder…

7

1 Uhr oder…

8

3 Uhr oder…

9

11 Uhr oder…

10

4 Uhr oder…

11

6 Uhr oder…

12

8 Uhr oder…

24 Uhr	(4)	17 Uhr	(3)	13 Uhr	(10)	22 Uhr	(2)
19 Uhr	(1)	23 Uhr	(5)	20 Uhr	(8)	14 Uhr	(12)
18 Uhr	(11)	15 Uhr	(7)	16 Uhr	(9)	21 Uhr	(6)

Wie viele Minuten sind seit 7 Uhr vergangen?

1

2

3

4

5

6

7

8

9

10

11

12

12 Minuten (10)

10 Minuten (7)

28 Minuten (8)

3 Minuten (11)

20 Minuten (5)

37 Minuten (3)

35 Minuten (4)

41 Minuten (9)

55 Minuten (2)

43 Minuten (12)

29 Minuten (6)

59 Minuten (1)

Ordne richtig zu!

1

2

3

4

5

6

7

8

9

10

11

12

9.13 Uhr (7)

9.17 Uhr (1)

3.02 Uhr (4)

10.25 Uhr (5)

10.35 Uhr (3)

8.57 Uhr (2)

8.58 Uhr (8)

2.26 Uhr (6)

5.47 Uhr (12)

3.26 Uhr (11)

6.47 Uhr (10)

2.58 Uhr (9)

Welche Uhren zeigen dieselbe Zeit?

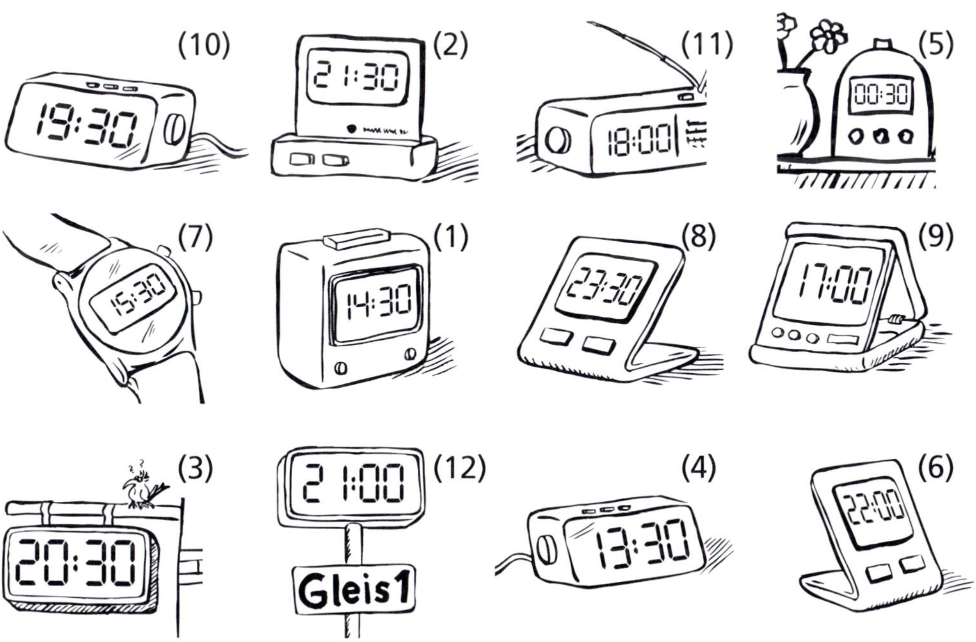

Auf welcher Uhr ist es...

1 ...Viertel nach sechs?

2 ...drei viertel vier?

3 ...Viertel vor sieben?

4 ...Viertel nach vier?

5 ...drei viertel sechs?

6 ...Viertel nach sieben?

7 ...drei viertel zwölf?

8 ...Viertel nach zwei?

9 ...Viertel vor drei?

10 ...drei viertel zwei?

11 ...Viertel nach zwölf?

12 ...drei viertel eins?

(11)

(10)

(9)

(2)

(7)

(12)

(8)

(5)

(4)

(3)

(1)

(6)

Auf welchen Uhren findest du dieselbe Zeit?

1

2

3

4
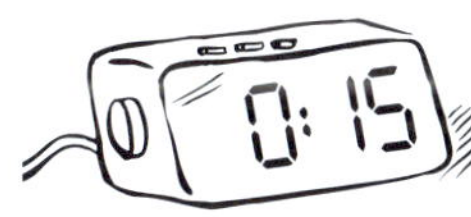

5

6

7

8

9

10

11

12

(8)

(4)

(7)

(3)

(5)

(2)

(10)

(6)

(11)

(9)

(1)

(12)

Wie viel Uhr ist es?

Ein Tip: Lass dich durch den Sekundenzeiger nicht verwirren!

1

2

3

4

5

6

7

8

9

10

11

12

8 nach 6	(2)
8 vor halb 7	(8)
8 vor 6	(9)
17 vor 12	(4)
6 vor 8	(5)
5 vor halb 10	(10)
5 nach 10	(7)
drei viertel 10	(1)
10 nach halb 11	(6)
5 nach halb 10	(12)
12 nach 12	(3)
10 vor halb 11	(11)

Wie spät ist es?

Sonne und Mond zeigen dir, ob es Tag oder Nacht ist!

1

3.25 Uhr (3)
15.25 Uhr (12)

2

12.40 Uhr (4)
0.40 Uhr (3)

3

4.12 Uhr (7)
16.12 Uhr (11)

4

2.30 Uhr (10)
14.30 Uhr (11)

5

11.45 Uhr (6)
23.45 Uhr (1)

6

1.22 Uhr (4)
13.22 Uhr (2)

7

9.18 Uhr (5)
21.18 Uhr (2)

8

22.50 Uhr (10)
10.50 Uhr (9)

9

15.35 Uhr (6)
3.35 Uhr (8)

10

14.24 Uhr (10)
2.24 Uhr (6)

11

12.27 Uhr (2)
0.27 Uhr (10)

12

10.05 Uhr (1)
22.05 Uhr (10)

Suche Bennis Uhr!

Auf Bennis Uhr ist es genau zwölf Stunden später als auf Nellys Uhr.

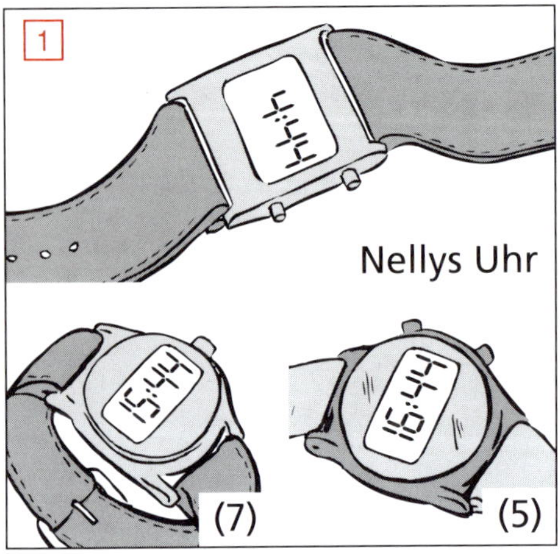

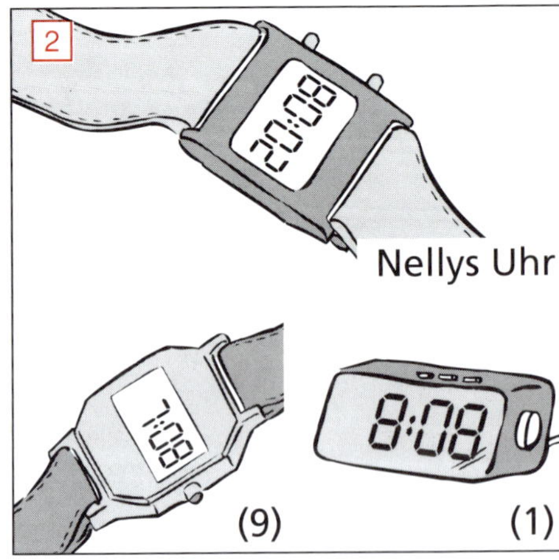

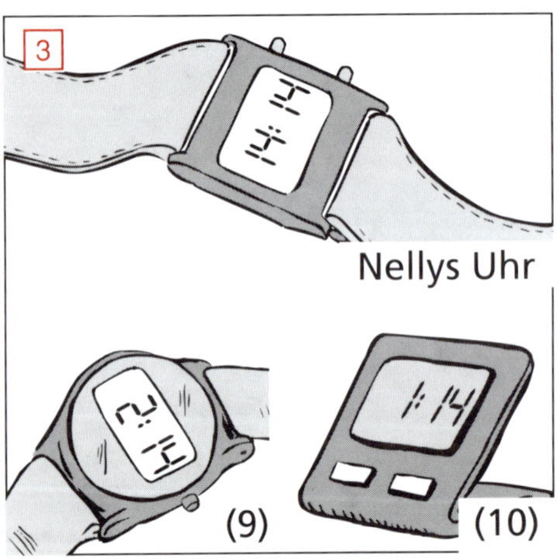

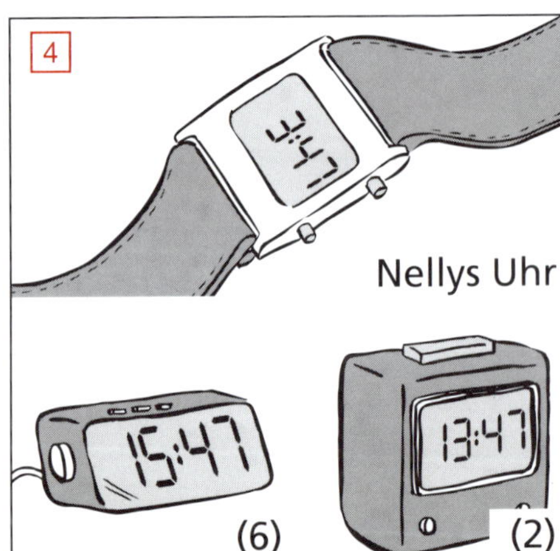

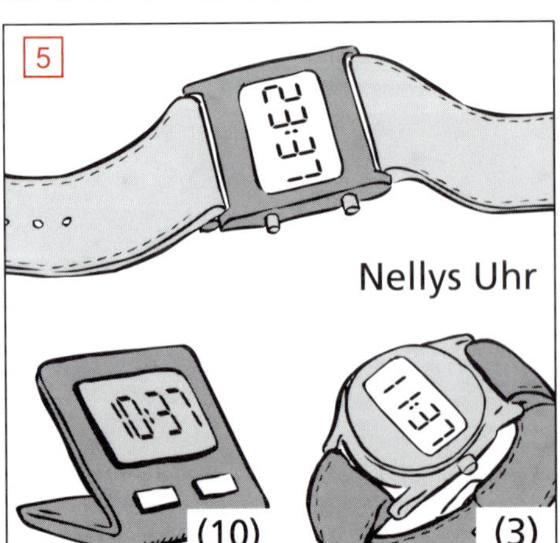

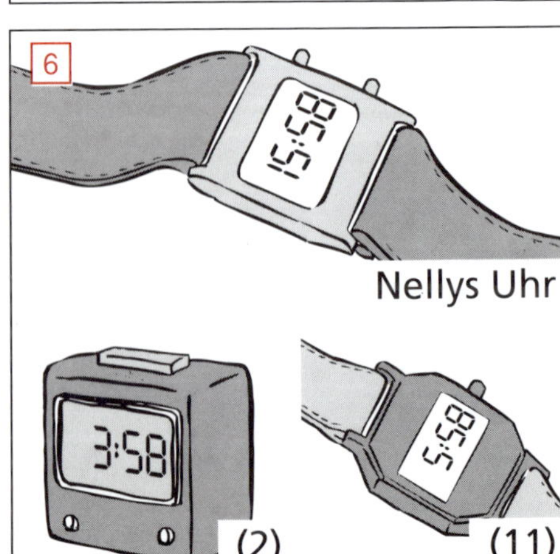

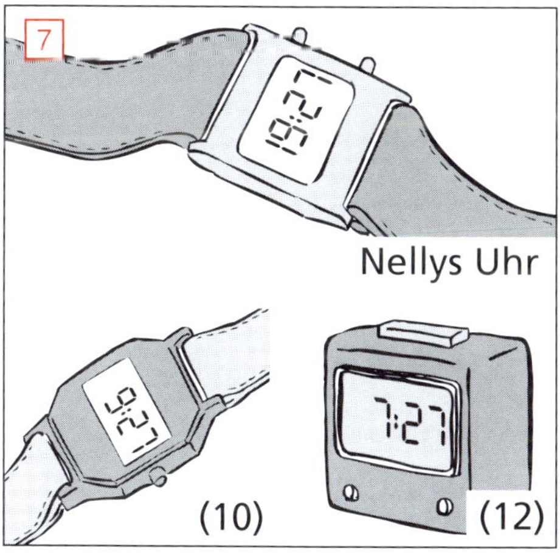
7
Nellys Uhr
(10)
(12)

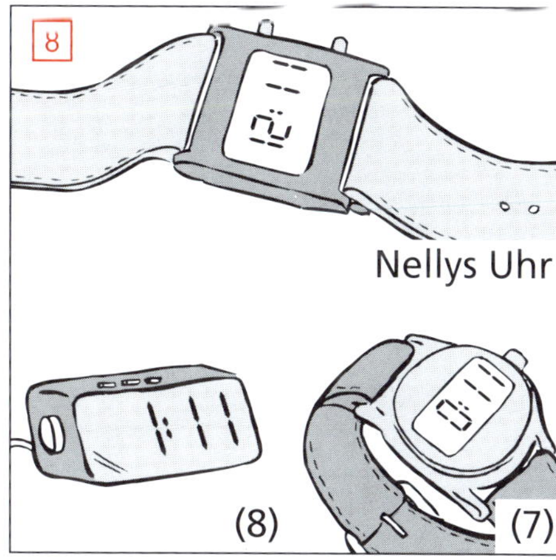
8
Nellys Uhr
(8)
(7)

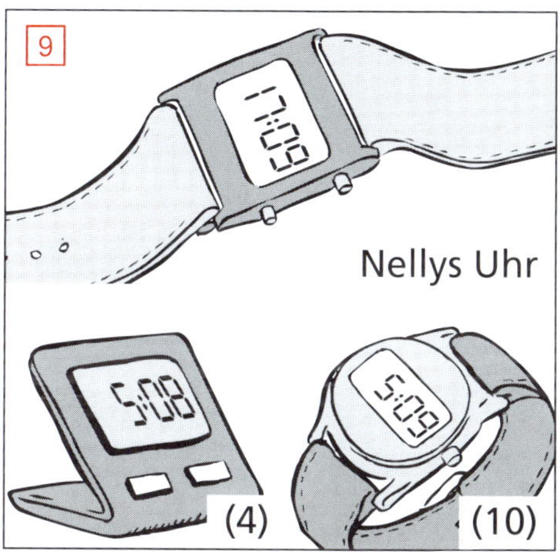
9
Nellys Uhr
(4)
(10)

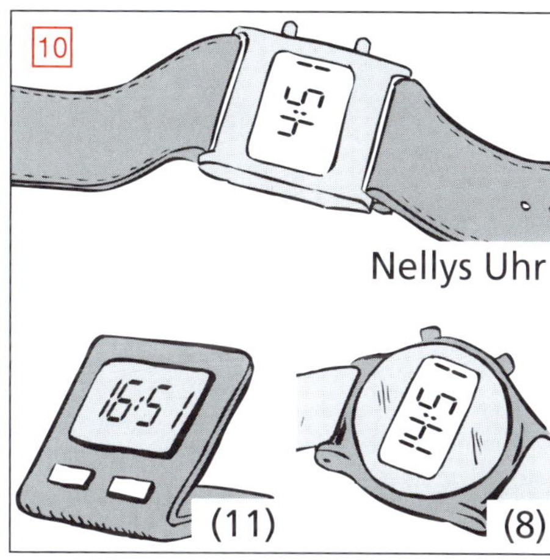
10
Nellys Uhr
(11)
(8)

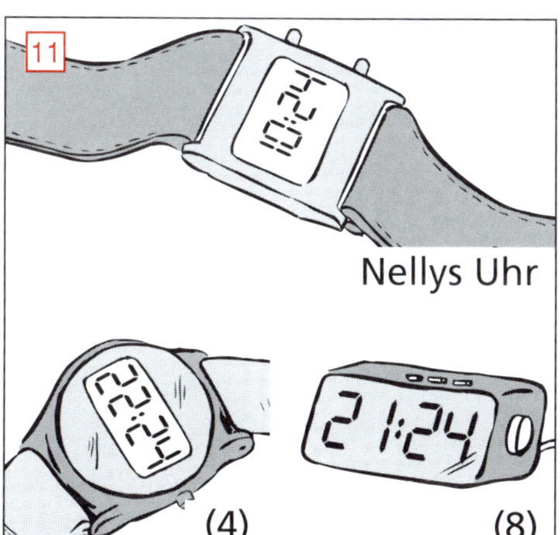
11
Nellys Uhr
(4)
(8)

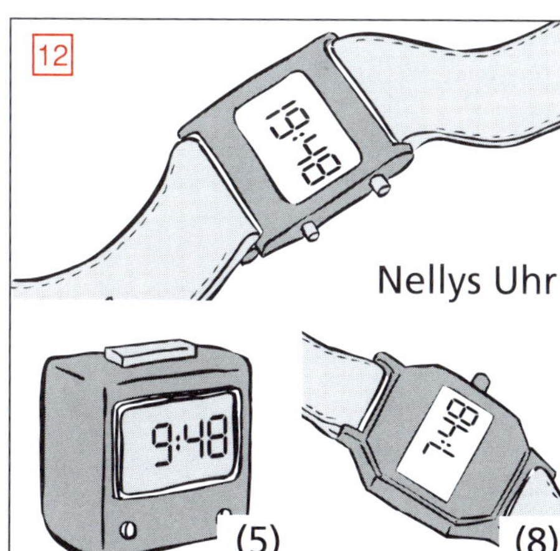
12
Nellys Uhr
(5)
(8)

Richtig oder falsch?

1 Der Februar hat weniger Tage als der April.
richtig (7) falsch (4)

2 Juli und August haben gleich viele Tage.
richtig (5) falsch (8)

3 Der März hat weniger Tage als der Dezember.
richtig (1) falsch (10)

4 Der Januar hat mehr Tage als der September.
richtig (2) falsch (8)

5 Oktober und Mai haben gleich viele Tage.
richtig (4) falsch (11)

6 Der Juni hat mehr Tage als der November.
richtig (9) falsch (12)

7 In einem Schaltjahr hat der Februar mehr Tage als der Juni.
richtig (6) falsch (8)

8 Der Mai hat mehr Tage als der November.
richtig (11) falsch (3)

9 Der Dezember hat weniger Tage als der Januar.
richtig (1) falsch (9)

10 August und März haben gleich viele Tage.
richtig (1) falsch (6)

11 Der November hat mehr Tage als der April.
richtig (6) falsch (3)

12 Der Juli hat weniger Tage als der März.
richtig (4) falsch (6)

Wo steht das Gleiche?

1 9.3.2002	7 24.12.2002
2 14. Februar 2002	8 3. Juli 2002
3 7.5.2002	9 9.10.2002
4 3. Januar 2002	10 7.6.2002
5 1. April 2002	11 1. September 2002
6 31.8.2002	12 24.11.2002

3.1.2002	(8)	9. Oktober 2002	(9)
24. November 2002	(12)	1.9.2002	(3)
24. Dezember 2002	(2)	31. August 2002	(6)
14.2.2002	(11)	3.7.2002	(5)
9. März 2002	(1)	7. Juni 2002	(7)
1.4.2002	(4)	7. Mai 2002	(10)

Immer zwei gehören zusammen!

	Genaue Zeitangaben	Ungenaue Zeitangaben	
1	am 2.8.	Anfang Februar	(9)
2	am 12.11.	Mitte Februar	(4)
3	am 15.3.	Mitte März	(2)
4	am 26.5.	Mitte April	(11)
5	am 13.5.	Mitte Mai	(8)
6	am 18.2.	Ende Mai	(6)
7	am 28.11.	Anfang Juli	(7)
8	am 4.2.	Anfang August	(5)
9	am 25.9.	Ende September	(1)
10	am 17.4.	Ende Oktober	(10)
11	am 5.7.	Mitte November	(3)
12	am 27.10.	Ende November	(12)

Ein Quiz für kluge Köpfe!

1. Wie viele Wochen hat ein Jahr?
2. Wie viele Tage hat der kürzeste Monat, wenn kein Schaltjahr ist?
3. Wie viele Jahreszeiten gibt es?
4. Wie viele Tage hat ein Jahr, wenn es kein Schaltjahr ist?
5. Wie viele Monate haben weniger als 31 Tage?
6. Wie viele Monate des Jahres sind am 1. Oktober schon vergangen?
7. Wie viele Tage hat der April in einem Schaltjahr?
8. Wie viele Tage hat der kürzeste Monat in einem Schaltjahr?
9. Wie viele Tage hat ein Schaltjahr?
10. Wie viele Monate hat ein Jahr?
11. Wie viele Monate haben 31 Tage?
12. 1996 war ein Schaltjahr. Wann ist das nächste?

4	(2)
5	(8)
7	(7)
9	(6)
12	(3)
28	(5)
29	(11)
30	(4)
52	(9)
365	(10)
366	(1)
2000	(12)

Stimmt der Wochentag?

Auf Seite 25 dieses Heftes findest du einen Kalender, der dir die Lösung der Aufgaben ermöglicht.

1	Montag, der 9. März	richtig (10)	falsch (11)
2	Samstag, der 21. März	richtig (1)	falsch (12)
3	Sonntag, der 28. März	richtig (4)	falsch (6)
4	Dienstag, der 5. März	richtig (5)	falsch (9)
5	Mittwoch, der 11. März	richtig (12)	falsch (2)
6	Freitag, der 26. März	richtig (7)	falsch (2)

7	Donnerstag, der 16. Januar	richtig (3)	falsch (8)
8	Montag, der 20. April	richtig (7)	falsch (11)
9	Sonntag, der 16. Mai	richtig (8)	falsch (5)
10	Mittwoch, der 10. Juni	richtig (4)	falsch (11)
11	Samstag, der 28. Februar	richtig (8)	falsch (11)
12	Freitag, der 30. Juni	richtig (2)	falsch (8)

Besondere Tage!

Der Kalender auf Seite 25 hilft dir herauszufinden, was für Tage das sind!

1	1. Januar	Ostermontag	(8)
2	17. April	Neujahr	(1)
3	7. Juni	Silvester	(4)
4	20. April	Himmelfahrt	(7)
5	31. Dezember	Karfreitag	(11)
6	6. Dezember	Pfingstsonntag	(10)
7	1. Mai	Ostersonntag	(12)
8	8. Juni	Nikolaus	(6)
9	29. November	Pfingstmontag	(5)
10	28. Mai	Heiligabend	(3)
11	24. Dezember	Tag der Arbeit	(2)
12	19. April	1. Advent	(9)

Detektiv Spürhund sucht den Täter

Am 22. April wurde um 20 Uhr im Supermarkt eingebrochen. Haben diese zwölf Gauner Alibis? Der Kalender auf Seite 25 hilft dir beim Überprüfen.

1 Ede war vom 21. bis zum 25. April im Krankenhaus. Alibi (3) kein Alibi (5)

2 Benno ist am Dienstagabend immer in seiner Stammkneipe. Alibi (7) kein Alibi (1)

3 Max war den ganzen Monat Mai in Italien. Alibi (10) kein Alibi (6)

4 Anton ist jeden Mittwochabend von 18 bis 21 Uhr in seinem Sportclub. Alibi (4) kein Alibi (11)

5 Moritz war in der Woche vor Ostern jeden Abend von 19 bis 21 Uhr bei seiner kranken Großmutter. Alibi (2) kein Alibi (12)

6 Schlupo verbringt jedes Jahr den ganzen Frühling in Frankreich. Alibi (8) kein Alibi (3)

7 Bingos Schiffsreise hat am 19. April begonnen und fünf Tage gedauert. Alibi (10) kein Alibi (9)

8 Dago hat sich am 20. April beide Beine gebrochen. Alibi (7) kein Alibi (2)

9 Witzi war jeden Donnerstag im März morgens bis nachts bei seiner kranken Tante. Alibi (5) kein Alibi (11)

10 Anatol war Anfang April acht Tage im Gefängnis. Alibi (2) kein Alibi (9)

11 Putzo hatte in der Woche nach Ostern jede Nacht ab 21 Uhr Nachtdienst. Alibi (2) kein Alibi (5)

12 Schurko hat die zweite Aprilhälfte als Schiffskoch auf einem Frachtschiff verbracht. Alibi (2) kein Alibi (11)

Kommissar Wachsam schreibt sich Edes Aussagen auf

Verwende den Kalender auf Seite 25!

Ede sagt:

1 „An Neujahr war ich daheim."

2 „Am Pfingstmontag habe ich im Gasthaus zur Post den ganzen Tag Karten gespielt."

3 „Am Karfreitag war ich im Krankenhaus."

4 „Am Pfingstsonntag habe ich mit Grippe im Bett gelegen."

5 „Am 1. Advent war ich beim Kegeln."

6 „Am Ostermontag war ich in Italien."

7 „An Heiligabend habe ich meine Oma besucht."

8 „Am Tag der Arbeit habe ich zu Hause gefaulenzt."

9 „Am Ostersonntag habe ich bei einem Radrennen mitgemacht."

10 „Am Tag der Einheit hatte ich meine erste Reitstunde."

11 „Am zweiten Weihnachtsfeiertag war meine Tante bei mir zu Besuch."

12 „An Silvester war ich im Kino."

Der Kommissar schaut auf den Kalender und schreibt:

Am	1.	1.	(10)	Am	8.	6.	(8)
Am	17.	4.	(11)	Am	3.	10.	(4)
Am	19.	4.	(6)	Am	29.	11.	(5)
Am	20.	4.	(1)	Am	24.	12.	(3)
Am	1.	5.	(2)	Am	26.	12.	(12)
Am	7.	6.	(9)	Am	31.	12.	(7)

Andrea war fünf Tage bei ihrer Oma

An welchem Tag ist sie zurückgekommen?
Abfahrts- und Ankunftstag zählen mit.

Abfahrt zur Oma am

1	1. August
2	10. August
3	23. August
4	14. August
5	7. August
6	19. August
7	21. August
8	3. August
9	9. August
10	24. August
11	15. August
12	26. August

August		
1	Sa	
2	So	
3	Mo	
4	Di	
5	Mi	(12)
6	Do	
7	Fr	(2)
8	Sa	
9	So	
10	Mo	
11	Di	(3)
12	Mi	
13	Do	(10)
14	Fr	(8)
15	Sa	Mariä Himmelfahrt
16	So	
17	Mo	
18	Di	(11)
19	Mi	(4)
20	Do	
21	Fr	
22	Sa	
23	So	(7)
24	Mo	
25	Di	(5)
26	Mi	
27	Do	(9)
28	Fr	(6)
29	Sa	
30	So	(1)
31	Mo	

Michaels Klavierstunde

Für diese Übung brauchst du den Kalender auf Seite 25. Jeden Dienstag hat Michael Klavierstunde. Wie oft ist das in den einzelnen Monaten?

1 Mai?
Fünfmal (2) Viermal (7)

2 Januar?
Viermal (11) Dreimal (4)

3 Juli?
Viermal (4) Fünfmal (8)

4 November?
Fünfmal (2) Viermal (8)

5 September?
Viermal (1) Fünfmal (10)

6 Februar?
Viermal (12) Fünfmal (3)

7 Juni?
Viermal (5) Fünfmal (2)

8 März?
Viermal (6) Fünfmal (5)

9 Dezember?
Viermal (1) Fünfmal (3)

10 Oktober?
Viermal (1) Fünfmal (9)

11 April?
Viermal (9) Fünfmal (6)

12 August?
Fünfmal (11) Viermal (6)

Theresa fährt mit der Eisenbahn

Suche auf dem Kalender, den du auf Seite 25 findest, den letzten Tag, an dem Theresa wieder nach Hause fahren kann!

1 Fahrkarte: München – Miesbach – München
Tag der Hinfahrt: 8.2.
3 Tage gültig
letzter Rückfahrtag: 10.2. (12) 11.2. (1)

2 Fahrkarte: Dortmund – Hamburg – Dortmund
Tag der Hinfahrt: 18.4.
4 Tage gültig
letzter Rückfahrtag: 20.4. (3) 21.4. (8)

3 Fahrkarte: Berlin – Dresden – Berlin
Tag der Hinfahrt: 21.6.
3 Tage gültig
letzter Rückfahrtag: 23.6. (3) 24.6. (5)

4 Fahrkarte: Köln – Bremen – Köln
Tag der Hinfahrt: 2.5.
4 Tage gültig
letzter Rückfahrtag: 5.5. (11) 6.5. (7)

5 Fahrkarte: Düsseldorf – Stuttgart – Düsseldorf
Tag der Hinfahrt: 30.1.
3 Tage gültig
letzter Rückfahrtag: 2.2. (2) 1.2. (9)

6 Fahrkarte: Leipzig – Bonn – Leipzig
Tag der Hinfahrt: 29.5.
4 Tage gültig
letzter Rückfahrtag: 1.6. (7) 2.6. (4)

7 Fahrkarte: Nürnberg – München – Nürnberg
Tag der Hinfahrt: 28.2.
3 Tage gültig
letzter Rückfahrtag: 1.3. (5) 2.3. (10)

8 Fahrkarte: Würzburg – Saarbrücken – Würzburg
Tag der Hinfahrt: 28.6.
3 Tage gültig
letzter Rückfahrtag: 1.7. (1) 30.6. (2)

9 Fahrkarte: Darmstadt – Hannover – Darmstadt
Tag der Hinfahrt: 13.2.
3 Tage gültig
letzter Rückfahrtag: 15.2. (4) 16.2. (6)

10 Fahrkarte: Langenhagen – Mainz – Langenhagen
Tag der Hinfahrt: 30.3.
4 Tage gültig
letzter Rückfahrtag: 3.4. (1) 2.4. (6)

11 Fahrkarte: Münster – Koblenz – Münster
Tag der Hinfahrt: 29.4.
3 Tage gültig
letzter Rückfahrtag: 2.5. (6) 1.5. (10)

12 Fahrkarte: München – Mittenwald – München
Tag der Hinfahrt: 31.1.
3 Tage gültig
letzter Rückfahrtag: 2.2. (1) 3.2. (4)

Bastelausstellung in der Schule

Die Bastelausstellung in Jasmins Schule dauert fünf Tage. Was für ein Wochentag ist der letzte Tag?
Der Kalender auf Seite 25 hilft dir, das herauszufinden!

1. Tag	letzter Tag	
1 15. 10.	Montag	(8)
2 28. 7.	Dienstag	(11)
3 27. 9.	Mittwoch	(4)
4 30. 11.	Donnerstag	(10)
5 29. 8.	Freitag	(7)
6 30. 10.	Samstag	(12)
7 26. 2.	Sonntag	(1)

8 31. 5.	Montag	(9)
9 23. 4.	Dienstag	(2)
10 31. 1.	Mittwoch	(3)
11 28. 3.	Donnerstag	(6)
12 25. 2.	Samstag	(5)